디스코팡팡
위의
해시계

디스코팡팡
위의
해시계

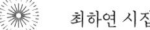 최하연 시집

2018
문학실험실

1부

011　　기억 꽃잎

013　　암흑과 빛 사이에 놓인 불투명한 것들을 한꺼번에 깨무는 방법

016　　오베론

018　　기억 날

020　　내가 그린 구름 그림

023　　기억 범람

026　　눈을 뜨니 풀밭이었다

028　　기억 풍랑

030　　피리 부는 사내

032　　삭망朔望

034　　밤과 낮

035　　명륜동

038　　기억 구름

040　　기억 소음

디스코팡팡
위의
해시계

•
최하연

2부

045 디포에게

048 아이들의 혈관은 나날이 투명해진다

052 기억 안개

055 기억 계절

058 춘분 지나

060 혜화로9길

062 혜화로9길 끝에서

065 빵을 씹으면 귀신이 보이는 풍경 1

068 빵을 씹으면 귀신이 보이는 풍경 2

070 빵을 씹으면 귀신이 보이는 풍경 3

072 빵을 씹으면 귀신이 보이는 풍경 5

075 파산罷散

076 바다를 등지지 마십시오

078 웅상폐차장

080 극점極點

3부

085　모서리가 없어서

088　모서리를 찾아서

090　기억 군락

092　겨울잠

094　삽 올림픽기념국민생활관 앞 로터리 공사가 끝난 어느 날

096　제게 편견을 하나 주소서, 그러면 제가 세상을 움직이리다

098　우주 배구공

100　쿵

102　쿵쿵

104　기억 퇴적

106　❦

108　한없이 낮은

110　끝난 것은 죽음

112　설거지 읍(邑)

114　오버행

116　나무 아래 침묵이 흘렀다

디스코팡팡
위의
해시계

・

최하연

118 3월 21일

119 봄비

120 기억 방

122 시인의 말

131 感・기억과 기억 사이, 어떤 시간과 아무 공간 _최규승

155 최하연 시인
     저서 목록

1부

기억 꽃잎

바람은 안에서 밖으로 불고
빗방울은 아득한 곳에서
이루 말할 수 없이 아득한 곳으로
떨어진다
내 편 아닌 모든 것은 잠들라
아침이면 난 이곳에 없으리니
용케 젖지 않은 꽃잎도
꽃잎 아래 웅크린 하늘도
바람은 안에서 불고
꿈은 밖에서 젖는다
잠들라, 젖지 않는 밤의 노래도
부르지 못한 이름도
다 잠들라

내 안으로 자라는
마른 뿌리도
기약 없던 당신의 마른 젖가슴도
이제는 젖어서 모두
꿈 밖에 놓인다
하늘로 떠가는 새와
그 아래 잠든 침묵이여
숲이 숨길 수 없는
비밀의 무게와
저 적막한 입술 위에
잠시 머물다 사라진 간절한 기도도
벼락처럼, 이슬처럼,
잠시 왔다가 떠내려가는
하얀 손의
악몽 같은 것들도
이 바람 속, 이 아득한 물방울 속에서
다 잠들라

암흑과 빛 사이에 놓인
불투명한 것들을
한꺼번에 깨무는 방법

시월의 은행나무는 하루만큼 노란 쪽으로
시월의 미세먼지는 허공에서 미망 쪽으로
노랑과 초록 사이의 골목은 닫힌 창이 서너 개
열린 창은 계절의 반대쪽으로

풍경이 태어난 별은 아득하게 멀고
그보다 더 먼 곳에서 이제 막 도착한
사진을 한 장 복사해
구름의 경계마다 꽂아놓으면
침묵. 행간. 침묵. 가까스로 한 줄
또다시 침묵

행간 위에 이불 펴고 욥이 잔다

침묵 속에선 고래가 헤엄치고
한 줄 위로
한 줄의 파도가
고스란히 덮인다

그 파도와 파도 사이로
욥의 잠과 열어놓은 창문 사이로
한창 가을인 나무와
아직 여름인 나무를 한꺼번에, 적시며
비가 내린다

아이의 우산과 엄마의 우산 사이로
날아간 새와 남겨진 전깃줄 사이로
풍경의 밑바닥에서부터 물방울은
천천히 맺혔다가
떨어진다

비가 온다 비가 오면
숲의 정령들도 장화를 신고
산길 끝에 모여

화투를 치거나 지지미를 부쳐 먹을까

젖은 뒷산 어느 구석에선
지난여름의 매미들이 모여
흙이라고 하기엔 아직은 매미인
자신들의 몸뚱어리를
내려다보며
잔향殘響을 깨무는 중

오베론*

 본 열차는, 서쪽 바다에서 출발해, 종착역인 동쪽 바다로 향하는, 그래 그럼, 객차 한가운데, 사과 씨를 심고, 물을 주고, 피리를 불자

 사과나무 그늘에 앉아, 사과꽃을 세며, 바다와 바다 사이에 맴도는 것은—구름인가, 바람인가, 검표하지 못한 꿈인가, 씨방에 담긴 악보인가, 어둠을 미필한 자정인가—명부 밖의 이름들일까

 사과나무 정수리로부터 자정의 초침을 타고, 비가 내려, 건널목의 노란 오토바이에도, 거기에 매달린, 배달통에도 내리는 비는, 비가 배달하는 계절,

빈 그릇

지게차

만국기를

적시는 비는

바닷가 국경에 앉아 우는 새의 눈물인가

사과나무에서 사과가 한 알** 백사장으로 마침표처럼 뚝, 떨어질 때, 마침표의 동그란 원 안으로 끝도 없는 사과밭이, 그럼 그래, 당 열차는 동쪽 바다에, 동쪽 바다에, 곧 도착할 예정인, 사과나무 그늘 속으로, 차오르는 물속에서,

피리를 분다

---

* 영국 민담에 등장하는 요정들의 왕. 독일 작곡가 베버가 지은 동명의 오페라가 있다.

**사과나무의 천의 사과알이/ 하늘로 깊숙이 떨어지고 있고/ 뚝 뚝 뚝 떨어지고 있고 (김춘수 「시 3」 중에서)

기억 날

꿈에서 깰 때마다
아랫배에 칼 맞는다
엊저녁엔 고사포 시험장에서
폭발 사고로 뼈까지 탄 것을
깨고 나서도
열 달이 지났다는데
몸 어딘가에서 탄내가 난다
물 위의 자석처럼 뱅글뱅글 도는 잠
극점을 잃어버린 꿈
거대한 광고판 아래
불현듯 찾아온 난독증
사미이 람래다
세상 모든 오뚝이에게

분노의 발차기를 가르치다
다리가 짧아진 밤
허기진 아랫배에
또다시 칼 맞는
밤

내가 그린 구름 그림

구름이 지나간다
엄마는 마당에서 웃고
여자와 아이들은 하늘을 바라보며
다음 구름을 기다린다

북북동 쪽에서 남남서 쪽으로
실구름이 지나간다
하나에 열까지
열에서 말할 수 없는 사연들까지

부엉이의 날개였다가
물 마시는 기린이었다가
고양이의 졸린 눈꺼풀이었던

구름이
빠르게 지나간다

내가 잊은 당신의 얼굴들이
거대한 솥 하나로
모였다가
앙증맞은 냄비 세 개로
흩어진다

이번엔 구름 하나가
러시아 인형을 꺼내며
지나간다

인형 몸속에서
갓 태어난 인형의 팔이 자라고
다리가 자라서
인형이 뛴다

뛰는 인형 속에서 인형은
뛰는 채로 자라고

아이들을 따라
나도 마당을 한 바퀴
뛴다

기억 범람

1

여름에 사라진 아이
물속으로 사라진 아이

방수포는 파랗다
초록이거나 빨강일 수도
있겠거니와

파란 천막 집이
뚝방 나무 둥치에
파랗게 매달려 있었다

비가 개미집으로 쏟아져 들어왔고
다리가 떠내려갔고
수박은 먹지 못했다

평상, 가마솥, 강아지와 함께
아이는 떠내려갔다

2

그 아이의 작은딸이
짧은 치마를 입고
계단을 오른다

치마가 파랬는지는
모르겠다

횡단보도를 건너거나
개찰구를 통과하면
아이는 늘 아이를 남겨놓고 다닌다

골목이 하나씩 사라지는 모퉁이나
버스 뒷좌석이나
간선도로의 옆 차 안에서도
아이는
사라질 때마다 사라진다

3

그리하여 신호등이 바뀌거나
문이 열리면
거기서부터는 간다르바Gandharva

나는 늘 나를 남겨놓고 다닌다
막다른 골목이나
첫차를 기다리는
한여름의 평상 위에서도

사라질 때마다 사라진다

눈을 뜨니 풀밭이었다

장도長刀를 파지把指하고
목을 잘랐다
깨끗했다
눈을 뜨니 달들이 떠오른다
구름 위에 달이 하나
파도 위에 달이 둘
구름 아래 셋
같은 하늘로 한꺼번에 뜨는
달들을 바라보며
꿈이라 생각했다
달빛은 꿈빛보다 밝았다
꿈속이라서
발톱으로 발바닥을 긁으며

목을 잘랐다
참수斬首
바람 분다
눈을 뜨니 풀밭이었다
꿈속에서 또 꿈을 꾸면서
풀잎의 목
풀잎의 꿈
불온과 기억의
효시嚆示를 생각했다
바람 하나에 풀잎 하나씩
풀잎 하나에 달이 하나씩
흔들리고 흔들린다
뜬 자리에 또 뜨고
조금 옆자리에서
다시 뜬다

기억 풍랑

계단에서 구두 소리를 지운다
바위에서 바람소리를 지운다
용서하면 용서받을 줄 알았다
낭떠러지에서 물러난다
디딜 수 없는 바닥들이 있다
이를테면
우주의 검은 항아리
뚜껑을 열면
검은 얼굴의 내가
짠내 나는 눈동자가
검은 하늘을 베고 누우면
소리 없는 바다가
내 안으로 일렁거려

끝끝내 내뱉지 못한 문장
물밀 듯이 그을린 숨을
참는다

피리 부는 사내

　이렇게밖에 불 수 없어, 죄송, 죄송합니다, 제가 직접 녹음한 앨범을 모종 뜨고 가지 치고 거름 부어 나눠드립니다, 순수하신 분께만, 아이들을 잘 좀 부탁합니다, 여러분, 노랫말은 그렇지만, 노래는 좋아요, 노래는 나무와 벽을 잘 타요, 노래는 높은 굽을 잘 신어요, 추위엔 약하지만, 노래는 노래를 잘해요, 노래는 좋은 약을 삼키고 막 잠들었어요, 밥을 먹다 술을 먹다 약을 먹죠, 한없이 울고 싶은 당신께, 고함치는 당신께, 불에 젖은 당신께, 물에 그을린 당신께, 그나마 아이들은 강도 잘 건너고 불도 잘 삼키죠, 이곳은 종일 마른 바람이 붑니다만, 정각마다 한 소절씩 노래는 드려요, 물을 많이 드세요, 마디마디 빛나죠,

*

노래는 노래를 잘해요
물속에서 문을 닫고
물 밖으로 나와요
저는 멈춰 섰습니다
방향을 잃지는 않았죠
이곳은 여전히 이곳이고
제 뒤로는 다 풍경 같습니다
동전을 던져
한 걸음 뗍니다
앞면이면
당신이 부른 모든 이름이
벽입니다
뒷면이면
귀를 막으셔도 됩니다

삭망 朔望

귀중품을 맡기지 않고 바다에 몸 담그는
저 달은 얼마나 무모한가

해변으로 밀려오는 거품을 바라보며
요즘 것들은 싸가지가 없다고
그렇게 말씀하신 지긋한 어둠은
쪼그려 앉아 머리를 염색하셨다

위층의 물 내리는 소리
모래사장의 불꽃놀이
다 좋다

옷걸이 떨어지는 소리

벗어놓은 나뭇잎 바스락거리는 소리
우체국과 모텔 사이에 걸린 소인 없는 비명들

국경 넘어 낮달로 싸돌아다니다가
먼지 털고 바다에 몸 푸시는 저 언니는
왼쪽 눈만 찡긋

소나무 아래 우두커니 앉아
바람을 개어가며 당신도 한 번 찡긋

젖은 머리 들어 올린 어둠은
왔던 곳으로 돌아가시고

문 닫을 시간

여기는 또

다 식은 하루가
데워질 시간

밤과 낮

문경이나 곡성 어느 길에서
낡은 경운기 지나가면
그 뒤로는 모두 어둠이어서
까마귀 떼가
국지성 함박눈을 뚫고
209동 옥상에서
주진리 산13번지로
날아간다

명륜동

탱자나무 울타리엔 살진 참새가
언덕 위 히말라야삼목의 가지 끝엔
야뇨를 겪는 늙은 하늘이

아무 곳으로나 갈 수 있지만
아무 곳은 어느 곳에도 없어서
그냥 앉아 있다

대략은 비어 있다
허공의 나머지는 노랑인
삼거리의 늦가을을 바라보며
까마귀가
전봇대 끝에 앉아 운다

비로소 피곤하다
구름은 낮고
밥집은 배고픈 사람을 기다리겠지

이번엔 계단 위로
투명한 하늘이 한 토막
놓인다
택배처럼

아픈 고양이와
담장 모서리를 지키는 빈 캔이
서로의 안녕을 빌어주는 하루

배 나온 참새들이 탱자나무 위에 앉아
서로의 신발 끈을 묶어주는

풍경 속으로

까마귀가 운다
검게 운다

어제와 오늘 사이에서
까마귀는 빨간 목젖으로 울고
첫 몽정
첫 자위
기억을 더듬어보면
마지막 사정은 언제가 될까

파란 비닐을 뜯어놓고
노란 종이 박스를 접는다

기억 구름

새가 남긴 저 궤적
이 허공에
한 번도 지나가지 않은 미지의
길이 있을까
새의 길은
귀신의 길
새가 새로 낸 길로만
다니는 귀신이 있었다
붉은 벽돌집의 지붕에서
하얀 장미가 피는
담장을 넘어
백구 한 마리 졸고 있는 뜰 안으로
소복을 입은 귀신이

다리가 없는 귀신이
새가 세놓은 길을 밟으며
노숙자의 어깨에도 잠시
앉았다가
유모차의 바퀴에도 놀랐다가
새가 날면
귀신도 달리고
새가 앉으면
귀신도 조는
길 밖은, 암흑이고
길 밖은, 귀신에겐 없는
금 밖의 세계여서
저 허공이
저 나무와 나무 사이가
저 별과 구름 사이가
어떤 갱도보다
단단하다

기억 소음

고막에 심지를 달아
이명의 가장자리를 한꺼번에
날려버리기로 한 날
돌을 던지면 파문이 인다
당신을 부르는 소리
당신이 부르는 소리
열차가 쇠 긁는 소리
미세먼지가 참새 이마에 부딪히는 소리
대륙의 가장자리가 뭉근하게
어긋나는 소리
애국가 뒤에 찾아오는 빅뱅의 잔향 같은
소리 소리에 심지를 돌돌 말아
저기 저 먼 귓속 우주에 꽂아놓고

혀를 축인다
불을 댕긴다

그믐 지나 보름 되면
달의 가죽을 벗겨
북을 만들리

2부

* 김종호 연작소설집 『디포』에 등장하는 필자이자 화자

디포에게*

디스코팡팡 위의 해시계
몇 시냐고 물으면
당신들의 모든 시간에서 한 줄만 빼요

해시계를 꽁꽁 묶어 차에 싣고
월미도에서 정동진까지
다시 정동진에서
해남까지 갔다

나에겐 뺄 한 줄이 없어서
북 치고 피리 불고 문자를 옮겨 적는다

약속의 땅엔 말뚝이 없지만

빗방울에는 잔뿌리가 있어
해남의 봄비와
녹사평의 가을비가

한날한시에 지붕 위로 스며들고
골목을 따라 흘러
금붕어를 키운다

해남 바닷가에 지어지지
않는 것들을 짓고
기둥과 받침
가로와 세로
돌아누우면 바다는
닳아서 먹다 남긴
양갱처럼 어둡다

어둠의 끝에는
막다른 짐승이

방파제가 파도를

나뭇잎이 개미를
가드레일이 버스를
창문이 땅거미를
손톱이 모래를

두드리며

밀어내고 남은 것의 구멍들이
털어내고 남은 것의 뿌리들이
밖으로 밀려나며 솟구치는
등대가,

천년 전에 막 솟아난 등대에서

수박이 한 통 떨어진다
개가 먹는다
수박과 등대와 개는
우주 곳곳에 있다

개는 허리를 들고 다리를 떤다

아이들의 혈관은 나날이 투명해진다*

1

하루의 나머지 하루는
입구가 묶여
골목 밖에 놓인다
달의 그림자는 그림자를 숨기고
사내들이 골목 끝에서부터
하루의 나머지를 걷어가는 동안
먼저 간 시인의 시를 읽고
오지 않을 시를 들춰 보다가
밑 빠진 기둥이 되고
그런 거짓말 말고도
나는 속고만 살아서

토끼는 절굿공이를 내다 버리고
뉴욕의 쌍둥이 빌딩은 은하 어딘가에서 행복하게
살고 있으며
하루를 올라탄 하루는 층층이
비를 맞아 키가 자란다

2

길 잃은 노래가
흘러 흘러 한곳으로 모여드는 모퉁이에서
금붕어가 자라고
몇몇은 튀어 오르다가 무지개로 사라지고
하루의 키는 점점 높아져
한 음절에 강 하나
한 마디에 산 하나
젖은 바짓단에서 밀과 보리가
(밀과 보리가 자라는 건 누구든지 알지만)

가을무 뽑힌 자리는 뭐라 불러야 하나

3

한옥 한 채 뽑혀 나간 자리에서
시 한 줄 못 건지고
폐허는 폐허로 채워진다
솔개가 머문 자리로
풍선이 지나가고
별이 뜨고
말뚝이 박히고
(천국엔 말뚝이 없다)
바다가 메워진다
우주가 다 메워지면
탁구공만 해진다더니
딱 고만한 돌멩이 하나
폐허 안에 던져놓고
굴착기 앞에 쪼그려 앉아
삽날과 함께 묵찌빠
밤새
싹이 나서 잎이 나서

골목 밖에 놓인다

* 한유주, 『불가능한 동화』 중에서

기억 안개

돌아가라는 이정표의 진심을 기록한다

진심은 돌이킬 수 없어서
진심이 다 옳지는 않은
계절을 건너
밤은 짧아지고
운동장엔 조금씩 모자란 유년의 그림자가
하나둘
어둠으로 돌아간다

이 기차는 얼마나 더 달려야
쉴 수 있을까
달리기를 멈췄을 때

시작되는 기차의 이야기
어느 날은 시집간 아가가 엄마의 배 속에서 웃고
또 어느 날은 한 살 때 입양 보낸
아들을 바라보며
뉘 집 아들인지 영어 참 잘하네

기차는 외로운 날들이 온다
아직 오지 않을 세월이
당신 앞에서 말을 걸어올 때
우리는 생각한다
흔들리는 손바닥에서 떨어지는

테트리스의 막대기 하나가
당신의 정수리로부터
당신이 기억해온 사랑으로 내리꽂힌다
버튼을 아무리 눌러도
사랑의 모양은 쉽게 변하지 않고

삶의 한 장면마다
아귀 맞는 구덩이를 찾을 때마다

간다

우리는 가고 없어서 다시 오지 않는다
그래서 왼쪽에는 늘 빈 공간이 있고
오른쪽에는 생각지 못한 나와 당신의 인연처럼
우회의 이정표가 세워진다

땅속으로 한 자
혹은 한 뼘의 구덩이에 아귀를 맞춰
누구나 돌아갈 때

여름의 라일락이
벽오동의 보랏빛 꽃이

잊을 때 비로소 피는 꽃이

몰래 맺는 열매가

그 좁은 골목의
낮은 대문 밖에 놓인다

기억 계절

파란 하늘 아래
찌르레기 한 마리
전선에 앉아 운다
눈을 감는다
아무 소리도
들리지 않는다

새의 부리와
새의 볼록한 앞가슴
사이에
허공의 무덤
영혼의 셋방이
있다

검은 네온 아래
소주 한 병 비우고
전봇대에 기대
눈을 감는다

집 나온 무덤과
토라진 셋방이
엉켜서 풀 수 없는
케이블 뭉치에 나란히 올라앉아
운다

부둥켜안고는
운다
눈물 한 방울이
빛의 속도로
너에게로 간다

냉장고 속에 어둠이 있다
어둠 속엔 냉장고가 있고
슬리퍼 안엔

목마른 발가락이
등불처럼 간지럽다
냉장고에서 어둠을 덜어내면
고독의 암페어나
궁상 따위
그런 것에도 누진세가 붙는다

찌르레기를
냉동실에 넣고
문을 닫는다

오늘 밤 영혼은
얼어 죽으리

춘분 지나

보름 사이에 두 번이나
천 쪽이 넘는 교정지를 주고받았다
그사이 이틀에 한 번은
꿈까지 교열 본다

꿈의 오탈자는
그녀의 목덜미 아래에도 있고
꿈의 비문은
정박한 고깃배의 흘수선에도 있다

인수봉, 만경대가
모래언덕으로 내려앉을 때까지
꿈속에서

내가 꾸었거나 꾸게 될 꿈 한 자씩
들어낸다

개울에선 탱크를
안나푸르나의 능선에선 택시 승강장을
스테이플러 철침 사이에선 억새풀을
들어낸 뒤
종량제 봉투의 대사를 들여다본다
「밥이나 먹고 합시다」
「왜?」
「술맛이 없어서」
꿈의 비문은
비문의 꿈

마감을 끝내고 바다를 보러 갔다

임랑어촌계게시판
지진해일대피로400미터
임랑수협대의원선거공고
꿈체납자피선거권제한

혜화로9길

손을 모은다
깍지를 낀다
안개를 끌어안은
골목이
구겨진 종이가
종아리만 보이는 우주가
종종종
모퉁이를 돈다
저녁이 젖는다
찰랑거린다 낮게
꽃이 진다
꽃이 져서
담장 아래는

한 계절의 종착역
가끔은 폐지의 대합실
오도가도 못 하는
폐지 위의 활자들이
앞뒤를 맞추고는
서로의 등을 두드리며
웃는다
안개를 밀치고
골목의 모퉁이를 접으며
꽃은 지면서 피고
핀 꽃은 떨어져
한 세계의 사랑을
그 들숨과 날숨 사이를
막차와 첫차 사이를
기다린다
기다렸다

혜화로9길 끝에서

1

도시 어부를 만났다
검정 장화, 빨강 스카프, 낚시 조끼를 걸치고
걷는다
그는 말한다 골목은 듣는다
그는 말하면서 걷고 골목은 졸면서 듣는다

2

몽땅 청계천으로 갔어.
정말 많은 물고기다.

많은 고기다.
김씨 아저씨네 물고기도 당숙 이모네 물고기도
청계천으로 갔어.
문지방도 같이 갔고 서까래도 검둥이도 따라나섰어.
물고기가 나를 문다. 물고기가 가잖아.
그래서 넌 왜 안 와.
그런데 넌 왜 안 와.

3

청계천엔 물고기가 산다
아니 청계천으로 물고기는 모인다
골목마다 물고기들이 걷는다
걷고 또 걸으며
어부보다 빨리
어부보다 먼저

4

서어나무의 참새나
섬진강의 두루미에게나
비둘기에게나
혜화동 전봇대의 까마귀에게도
저마다의 축원祝願이 있다

참회할 수 없어서가 아니라
위와 아래가 없어서
나의 시는
성호聖號를 모른다

빵을 씹으면 귀신이 보이는 풍경 1

소녀는 뛰고
소년은 걷는다
달이 있다 치자
달빛에 젖은
소녀의 머리는
언덕 너머에서
골목의 앞자락까지
엄마 배 속에서
편의점의 모퉁이까지
풀린다
풀리면서 자란다
밟아도 꺼지지 않는
땅이 있다 치자

소년은 땅만 보고 걷다가

땅속으로 걷다가

땅 밖으로 밀려나

횡단보도 앞에 선다

자, 이제

편의점 앞에서

횡단보도 앞에서

소녀는 뛴다

소년도 다시 걷는다

골목에게 묻는다 치자

당신에게 발소리는

무엇의 무엇이냐고

삼켜도 삼켜도 끝이 없는 발자국들로

당신은 그 무엇으로

환생할 수 있느냐고

묻는다 치자

흙으로 덮어 발로 밟으면

공원입니까

무덤입니까

불면의 그림자입니까

불멸의 발자국입니까

오늘도 소녀의 두 손은
코트 주머니 속에 있고
소년의 두 발은
새들의 밥상 사이에 있다

빵을 씹으면 귀신이 보이는 풍경 2

 닫힌 상자에서 공 하나를 꺼낸다, 공은 상자 속 네모 안에 있다, 상자는 상자가 아니라 네모일 뿐, 꺼낸 공을 반으로 잘라 그 안에 네모가 든 상자를 꺼낸다, 상자 속에서 다시 공 하나를 꺼내면, 계절이 열렸다 닫히고, 꽃이 피고 꽃이 지고, 지는 꽃 안쪽으로 반쯤 열린 상자에서 네모가 뿌리를 내린다, 그 뿌리가 자라 공 하나를 숨기면, 공 속의 네모는 어제 뜬 달 속에 있는데,

 다른 말로 하자면, 내가 가장 좋아하는 노래는 한 번도 들어본 적이 없는 노래여서, 그 노래의 첫 소절을 기억 못 하고, 기억 못 하는 노래의 멜로디를 쫓아 그 언덕에 올라서면, 얼굴은 없고 목은 긴 한 여자가 들려줄, 끝이 없어서 시작도 없는 노래가,

상자 속에서 네모와 상자를 품은 공을 꺼내듯,
달을 띄운다

빵을 씹으면 귀신이 보이는 풍경 3

돌아오지 못할 먼 나라로 떠난 사람에게
내일 봐요 인사하는 서랍장은
불을 꺼도 서랍장일까

종일 웅크리고 있던 어둠의 긴 손 하나가
서랍 하나를 열고 벚꽃 피던 날들의 약봉지를 꺼낸다
사각사각 깎아놓은 연필심 끝에서 어둠은
한여름의 오한惡寒과 한겨울의 선창鮮瘡을 증언한다
다른 긴 손 하나가 나의 어깨를 끌어안고는
넋 나간 창문처럼
제자리로 올라가는 빗줄기처럼

흐느낀다

바오바브나무 위로 낮달이 뜬다
낮달 아래 나의 어둠은 어둠 속에서 키스하고
그 긴 손으로
내가 걷다 만 길을, 내가 쓰다 만 편지를, 내가 부르다 만 노래를
뒤지다가 더듬다가

돌아선다

서랍장은 불을 꺼도 서랍장일까

벽은 늘 어둠 뒤에 선다
벽이 돌아볼 곳은 없으므로
벽의 뒤는 언제나 다른 벽의 앞이므로
불을 끈 뒤에는
불을 끈 뒤에는

빵을 씹으면 귀신이 보이는 풍경 5

들어봐, 네온테트라 일곱 마리 이야기를 해줄게
불을 끄면
한 마리가 사라지고
다음 날, 불을 끄면 또 한 마리가 사라졌지
생각했어
물고기가 휴거했다는 기록을 본 적이 있니
그녀는 경전을 쓸 뻔했지
네온테트라는 광장동 한 아파트의 거실에서
저기 멀리
 오지도 가지도 못하는 한 은하의 조그마한 펄서를 향해 점프한 거지
 팽이처럼 뱅글뱅글 도는 별의 바다에선 참과 거짓의 분별도 없고

아무리 먼 나라라도 시차가 없어서
어제의 내가 내일의 나와 만나는 것이 너무나 쉬워서
후회할 것도 결심할 것도 없었대
그래서 그녀는 안심하고 또 불을 껐지
거실의 대낮은 대낮보다 밝아야 해서 어항등은
아침이 없고 저녁도 없이 일해야 했지만,
지구의 밤 동안은 밤의 바다도 밤이어서
그녀는 불을 껐다
다음 날, 세 번째 물고기가 사라졌어
그다음 날은 네 번째 물고기가 사라졌고
펄서는 의심받기 시작했다
물고기 세 마리가 살기엔 별의 바다는 너무 작았고
참과 거짓이 수축하고 팽창하면서
네 마리째가 도착하기도 전에 네온테트라의 천년왕
국은 그 은하에서 가장 밝은
무지개가 되었대

그녀는 생각했다
유독 눈이 맑아지고 지느러미에 윤이 도는 세 마리의
네온테트라를 바라보며

그녀는 오래오래 생각했지만
맑고 깨끗한 어항 속 세계는
어항 밖의 세계만큼 평온했다
하늘 위에 뜬 달이 두 개라는 글을 읽을 때만큼이나
그녀는 이 행성의 자기동일성이 의심스러웠고
그날도 그다음 날도 불은 끄지 못했대

시가 아니라 실화야, 그래도 묻지 않았어,
남은 세 마리의 네온테트라는 지금쯤 어느 별의 경전
속에 기록되었을까
나는 그게 너무나 궁금했지만,

파산破散

허수아비는 오후의 햇살을 어떻게 견디나
중앙 분리대는 꿈의 과속을 무엇으로 버티나
인형 강아지는 탁상 달력만 뜯어먹으며
어떻게 허기를 달래나
산산이 부서진 꿈들
자명종은 무엇으로 천국에 이르나
페달을 밟으면
단단하게 조여지는 풍경의 그림자들
건조대에 매달린 물고기들은
무엇이 되어 고향으로 돌아가나

이불을 털다 태양을
털어낸 오후다

바다를 등지지 마십시오*

네 칸짜리 열차가 지나간다
땡 깡 땡 깡
노란 막대기 하늘로 올라가면
그다음은 바다다
바다와 막대기 사이엔
모래다
모래와 허공 사이엔
새의 발자국이다
등진 발자국과 등지지 않은
발자국 사이에
봄 여름 가을 겨울이 있고
누군가 계절의 꼬리에 꽂아둔
타다 만 폭죽이 있다

빨간 등대와 하얀 등대 사이에
띄어 쓸 수 없는 한 줄의
바다가 있고
그 나머지는
돌아앉은 고기잡이 배의 영토다
재갈매기가 붉은부리갈매기에게
길을 묻는다

당신이 혹시,

* 기장군해양안전실천본부장 백

웅상폐차장

주진동 321번지에도 봄이 왔다
누르고 뭉치고 또 누르면
마치 혼백처럼
길들이 후두둑 떨어질까
풍경이 삐져나올까
마하반야바라밀
기억은 네모 모양으로
하늘은 심하게 얻어터진 모습으로
봄은 왔다

지는 해를 등지며 걸었다
그림자 위로 꽃잎 떨어진다
바람 쓰러진다

눈을 감는다 네모나다
나무마하반야바라밀

눈을 뜨니 네모난 고양이들이
주진동 321번지에서
산 아래로 쏟아져 내려온다

극점極點

어제 아침과 오늘 저녁이
오늘 아침과 어제 저녁이 한꺼번에
가위바위보를 할 수 있는 곳

왼손이 이기면 오른손도 이기고

내가 올려다본 봉우리가
나를 올려다본 아가의 눈동자 속에서
이제 막 융기하는 곳

우리 고향에선 차례상이 차려지고
당신들의 고향에선 예술가들이 술집으로 몰려가는 시간

내가 낸 가위로 너의 묵을 이기자
당신 나라 모든 춤꾼이
병풍 앞으로 모여드는 시간

그리하여 오늘 아침과 내일 저녁이
내일 아침과 오늘 저녁이 한꺼번에
맞절을 할 수 있는 곳

3부

모서리가 없어서*

1

반쯤 남은
아이스아메리카노를
식탁에 올려놓고
얼음물을 붓는다
산봉우리에서 구름이 사라지고
가문비나무와 졸참나무 사이에
바람이 머무는 동안
한 모금 마시고
또 물을 붓는다
오후의 햇살이 식탁을 가로지르자
갈색도 아니고 분홍은 더욱더 아닌

서재가 가라앉는다
달력의 숫자 하나가
머리부터 흠뻑 젖는다
폴리에틸렌 프탈레이트 투명 컵 안으로
前.後.左.右.上.下.어제.그제.그리고.太初가

수면 아래
꼭꼭 숨어 있다
이제 또 물을 부으면

2

흰 구름 아래, 하얀 날개
백로 한 쌍이 무논 위를 저벅저벅 걷다가
아가의 속살처럼 날아오른다
봄 가고 여름이면
언제까지가 꽃이고
어디서부터가 열매일까
그 경계로 물이 차오르고

그다음은 푸른 적막이어서
벼는 여름 햇살에 익고
소금쟁이는
네 발로 수면에서 버티는 중
논이 하늘에 빠지지 않게
하늘이 논에 젖지 않게

* 大方無隅(대방무우), '극한의 네모는 모서리가 없다'는 『노자』의 한 구절

모서리를 찾아서

1981년 고양군 지축리

생쌀 씹는 소리에
버스가 기운다
눈을 감는다
창밖은 온통 바닐라 맛 아이스크림이어서
배스킨라빈스는 저 속에 없다
운동화가 양말을 신고 떠난 뒤
가슴이 엉덩이를 끌고 간다
모래 턱 핥는 소리
돌부리 넘는 소리
또다시 기우는 버스의 안과 밖으로
아이들의 노랫말

하나, 둘, 셋, 넷,
입안엔 아직도 생쌀이 가득

2014년 양산문화체육센터 앞

불개미 떼가
나방의 사체를 물고 간다
흔한 은유로 말하자면
아스팔트 위의 요트
결국,
붉고도 검은 점들이
바람, 산, 아파트, 공장,
다 이고 간다

기억 군락

새벽 다섯 시에 찾아온
생식기의 수전증
빵빵한 허무주의
등을 민다
안개의 등짝을 민다
공갈 안개는
젖어서
부풀지만
안개의 사상 따위는 물컹하게
쪼그라든다
생식기의 고도가 심장보다
낮아서
안개의 아랫도리를 따라

뒷산의 아랫도리도 젖는다
안개의 아버지는 퇴화했고
안개의 어머니는 타락했다
신발을 벗고
여울을 건너
무작정 무덤가에 눕는다
풀잎 위에
허무주의가
젖은 것과 젖지 않은 것 사이로
몸을 동그랗게 말며
맺힌다

겨울잠

길가의 아무 기둥에나 있다
밑동을 끌어안고
묶은 것 없이 묶여 있는 자물쇠는
비둘기들의 허들이고
풀의 담벼락이다
하루마다 길의 뒤꿈치는 낡고
뒤꿈치의 꿈도 닳아서
여름이면 비가 오고
젖은 틈 틈마다
풀들이 자란다
길은 곧 꺾이고
꺾인 뒤엔 반드시 막다른데
잊은 것 없이 잊힌 자물쇠는

들귀신의 묵주이고
바람의 가락지이다
인사도 없이
안부도 없이
묶인 채로 묶은
묶은 채로 묶인

삽

올림픽기념국민생활관 앞 로터리 공사가 끝난 어느 날

하늘에도 진심은 있다는 듯 말쑥한 날입니다. 벌써라는 말과 아직도라는 말 사이에서 어물거릴 때 한 계절이 등을 보이고 다른 한 계절은 저만치 우회하며 내 안의 시계추에게 진심을 묻습니다. 죽을 때까지 아름답고 어떨 때는 아프다가, 모난 것들을 다독여가며 심장의 아래쪽이나 눈물의 심정深井을 향해 가만히 내려놓을 순간들이 저 하늘의 가장 깊은 곳에서 한꺼번에 쏟아져 내리는 날입니다. 진심을 향해 고개를 들어보라. 하늘이 말하는 날입니다. 그러거나 말거나 새는 날고 나무는 흔들리고 공사장의 크레인은 한 층씩 높아지며 진심 같은 소리의 아랫도리를 지우는 날입니다. 맥락의 이쪽 끝이 맥락의 저쪽 끝과 자리를 바꿔도 하늘은 여전히 파란 날입니다. 그리하여 내 진심은, 어제 입은 팬티를 다시 입고 나온 날입니다. 파란 하늘도 그것까지는 모르는 날입니다.

   노란 모자를 쓴 노인이
   땅을 팝니다
   동그랗게
   동그랗게
   삽 하나로 무릎 높이까지
   허리까지
   어깨까지

   중심에서
   중심 밖으로

흙에 실려

잡풀과 그 하늘의 진심 또한
밖으로 던져지는 날입니다

제게 편견을 하나 주소서,
그러면 제가 세상을 움직이리다*

보일러실 창틀에
황조롱이가
날아와 앉았다
운다, 창 하나를 사이에 두고
식탁에 앉아
듣는다, 집 비우라고
황조롱이의 아내가 되면
황조롱이를 낳아줘야 하나
부동산 전화번호와
사다리차 연락처를
어디에 두었을까
날개를
파닥거리다가 이번엔

길게
운다

양파 주머니에서 싹이 난다
감자 박스에서 꽃이 피고
솔향 세제에서 늙은 소나무가
자라기 시작한다

한 치 앞은 모두
절벽이다

그런고로 여긴 나의
집터인바
누구냐 넌

*마르케스 『예고된 죽음의 연대기』 중에서

우주 배구공

안개는 안개여서
건너편 거실도 안 보이고
주차장의 고양이도 안 보인다
방범등 불빛이
태초의 솜사탕처럼
부풀어 오르면
안개의 뺨을 달라
안개의 등짝을 달라
손바닥을 펴
관촉사의 부처보다
운주사의 부처보다
큰 손바닥으로
안개의 등짝을 때린다

안개는 안개여서
맞아도 멀리 가지 않고
안개의 얼굴은 지독한 근시여서
들여다봐도
들여다봐도
실밥 자국이 없다

쿵

달이 눕는다
삭일朔日 보내고
내려가는 길
한일고속 심야우등 창가에 앉아
북에서 남으로
북북서에서 남남동으로
흘러가면서도, 뭣나게
배 홀쭉한
달이 눕는다
울렁거리는 능선마다 등골 저리고
굵은 비음鼻音에
독서등도 지근거리고
다리를 폈다가 오므릴까

몸을 반씩 접었다 펼까
달을 위한 복근 운동은
언제쯤 완성이 될까
달이 차면
물어볼까
길이 멈추면 내려가
만져볼까
턱을 괴는 사이
전능하신 달께서
산봉우리에 뒤통수를
찧는다

쿵쿵

낙타가 귓속에 살아
걸을 때마다
낙타의 혹이 달팽이관을 때려
낙타는 화가 나면
침을 뱉는다는데
귓속이 엄마의 이불처럼
축축해져
따뜻한 돌에 가만히 귀를 대봐
돌 속에서 아이는
딸그락거리며
공기놀이를 하고

검은 침묵 하얀 암흑

길을 건널 때마다
천막天幕을 맴도는 곡哭
한 줄의 차선도
한 줄의 번호판도
읽지 못해
길 아닌 곳
여기는 아틀란티스

눈이 아홉 개
코, 귀, 입은 없는
푸른색 원피스
인형을
들여다보다가

귓속이 쿵

낙타는
달빛 아래
언덕을 넘어가네
사막을 건너가네

기억 퇴적

운동장에선 공이 난다

꼭 한 번은 담을 타고 나무를 넘어

지붕 위로 사라진다

골목과 대문 사이에

창문과 창고 사이에

어쩌면 강아지의 먼 조상은

마늘 먹은 공인지도 모른다

그래서 오늘도 공이 짖는다

내가 여기 있다고

어둠이 내린다고

찾았는지 찾지 않았는지

늙었는지 늙지 않았는지

어둠 속으로 벽이 사라진다
사라진 벽에서 어둠이 걸어 나와
내 옆에 선다
어둠의 숨결은
짐승의 발자국 같은 것이어서
물가를 걷다가
하늘로 날아간 하얀 새의
흔적 같은 것이어서
벽 아래 바다는 발목까지 차올라서
바위와 등대는 떠내려가고
어둠과 어둠 사이에
양말도 신지 못한 벽 하나가

신생아처럼 놓여서
코끼리는 물가에 선다
어떤 색으로도 물들지
않는 울음이
물방울 속에 뿌리를 내리듯
어둠의 굽은 등이
들썩이며
반음씩 가라앉는다

*§(달세뇨): 왔던 곳으로 돌아가셨다가 다시 오시기를

한없이 낮은*

선생님, 오른쪽으로 꺾으면 섬입니까
모텔입니까
까마귀의 궁리입니까
이제 길의 끝은 다 물이어서
당신의 눈망울을 닮은 안개는
홀수 길과 짝수 길을 지우고
고래, 사슴, 암소와 나선형의 소용돌이가
'이별의 순서'**를 기다립니다
선생님, 왼쪽으로 돌아가면
바람에 뒹구는 부처의 얼굴입니까
누구의 무덤입니까
다 해진 관음의 뒤태입니까
채울 수도 없고 채워지지도 않는

술잔입니까

아침의 끝은 다시 아침이어서

꿈은 버석거리고

길은 밤마다 저 혼자 자라나 봅니다

선생님 모쪼록

오른쪽 꺾으면 섬입니까

혼자 바위입니까

어떤 선조의 눈보라입니까

선생님

* 이인성『한없이 낮은 숨결』중에서
**〈이별의 순서〉는 이인성 소설가가 개인적으로 편집하고 구워 주변에 나눠준 노래 CD들 중 하나. 수록 곡은 다음과 같다. 01. 불 꺼진 창(조영남) 02. 그대가 떠난다면(이남이) 03. 그녀의 웃음소리뿐(이문세) 04. 내 마음 갈 곳을 잃어(최백호) 05. 이별 노래(이동원) 06. 사랑이 저만치 가네(김종찬) 07. 사랑의 썰물(임지훈) 08. 넋두리(김현식) 09. 하얀 밤에(전영록) 10. 헤어진 다음날(이현우) 11. 이별의 그늘(윤상) 12. 하루만의 위안(마로니에) 13. 계절이 음악처럼 흐를 때(권인하) 14. 거리에서(동물원) 15. 들리는 노래(시나위) 16. 사랑한 후에(들국화)

끝난 것은 죽음*

아파트의 화단은 무덤이어서
어느 날은 모자母子가 모종삽을 들고 찾아와
죽은 고양이를 묻고
어느 날은 노부부가 막삽을 들고 찾아와
아들 손주 며느리를 묻는다
그리하여 나무 아래 도둑고양이는
혼자 몰래 삼년상을 치르고
무덤 밑으로 상수도 오수관 소화전이라도 지나갈라 치면
어느 쫑, 메리, 삼순이의 집안엔 액이 끼어
가세가 기우는 것
그리하여 한진택배 파란 차가
무덤가에 잠시 설 때마다

상주의 고구마나 나주의 배라도
명부冥府에 잠깐 올렸다가
층층層마다 나누어 먹고
봄날의 꽃들은 그토록
한꺼번에 피었다가 지는 것
아파트의 화단은 부의함도
리무진도 없는 것들의 선산이어서
구름이 발로 밟고
잡풀은 해마다 질기게 자라는 것
그리하여 누군가 화단 앞 의자에 앉아 담배를 피우거나
전화기를 들고 빙글빙글 돌고 있을 때
메리 쫑 삼순이의 후손은
뒷다리 한 개씩 고이 들고 화단에
저리도 장엄하게 쉬를 하시는 것

*톨스토이 『이반 일리치의 죽음』 중에서

설거지

읍泣

풍퐁으로 퐁퐁 통을 닦는다

내 시의 한 방울은 당신을 위해
내 시의 또 한 방울은 나를 위해

나머지는 물에 씻겨
의미의 오수관에서 시의
아버지들과 겸상을 하거나
누이들과 교접한다

민주주의는 어머니가 없어서
세수하는 법을 모르지만

시란 정말로 후레자식이어서
언어종말처리장에서
불임의 밤들만을
찾아 헤맨다

사시나무 안에서 사시나무가 자라듯
나의 울음은 울음 속에 눕고

여인의 알몸이 여인을 지우듯
나의 두 손은

잃어버린 첫날밤을 매만지듯

퐁퐁으로 퐁퐁을 닦는다

오버행overhang

편의점 선반
구운 계란의 아랫도리가
아득한 낭떠러지다
망치를 꺼내 고리를 박고
매달 수 있는 것들을 다 매달고 나면
비박하는 암벽의 세계
이 까마득한 경사를 움켜쥔
손바닥 아래로 태초의 별빛이
아니, 자동차의 불빛이
발 헛디딘 손전등처럼 굴러떨어진다
니체의 종아리가
이카로스의 비린내가
삼손의 전두엽이

지 지 지 지 절벽을 타고 흘러내린다
초원 위에 지은 집이
반석 위에 지은 집이
구운 계란의 절벽에서
돌 위에 돌 하나 남지 않은 바닥까지
추락하고 나면
기도하는 아버지들이 선반 위에 올라앉아
암탉의 엉덩이를 향해
무릎을 꿇는다
모래를 먹고 태양을 낳으며
목초를 먹고 초인을 낳으니
절벽에 매달린 나는 그저
카드를 내민다

나무 아래 침묵이 흘렀다*

이 거리의 바람은 다 미아여서
숨어 피우던 담배 연기도
골목에서 길을 잃는다

골목 밖 바람은 그렇게 또
바퀴에 깔린 부랑자여서
떨어진 꽃잎 위에 벌렁 눕는다

당산나무 가지 끝엔
살진 참새가 날아와
쉬어 터진 사연을 쪼고

바람은 빈다

네모반듯한 돌 위에
짓무른 꽃잎 하나
척 올려놓고
뻔뻔하게 빈다

* 미하일 불가코프, 『거장과 마르가리타』 중에서

3월 21일

춘분이다
춘분의 서랍엔 자릿세 밀린
별자리가 있고
춘분의 숲엔 자연사한 무덤만
찾아다니는 새가 있다
새가 우는 이유는
내가 울지 않는 이유
춘분도 눈물샘이 있어
가끔은 운다는데
봄은,
이 빠진 하늘이 중국산 포장지로
배달되는 시간
춘분이다

봄비

비의 배꼽은
쑥 들어간,
움푹 패인,
탯줄 끊고 떨어지는 허공,
속에 있다

테러에 가까운
송홧가루가 몽땅
젖는다

기억 방

토끼가 운다
악어는 자고
악어가 웃고
토끼는 깬다
악어는 악어라서 이를 갈 듯 꿈을 갈고
토끼는 토끼라서 꿈도 빨간
귀를 줄게
이빨을 다오
비늘을 줄게
침대를 다오
토끼는 울면서 자고
악어는 웃으면서 깨는
밤

낮
악어의 잠과 토끼의
눈물 사이에
걸려 있는
슬리퍼 한 짝

시인의 말

홍학의 세계와 시인의 눈물

*

모든 것이 동그란 점 하나에서, 시작했다지요. 떠올릴 수 있는 모든 것을 떠올려봅니다. 떠올릴 수 없는 것까지 다 떠올려봐도 우리는 다다를 수 없습니다. 나와 당신은 다시는 그 한 점으로 돌아갈 수 없답니다.

*

주저앉아 묻습니다. 나는 누구인가. 아무도 듣지 않습니다. 한 점에서 시작된 나와 당신은 영원히 멀어지고 있기에.

*

그래서 어떤 이들은 질문을 주워 담았고, 어떤 이들

은 다른 질문을 찾아다녔죠. 또 어떤 이들은 막다른 골목의 돌계단에 앉아 자기 수염을 뜯어먹으며 나는 누구인가를 생각했답니다.

*

시간이 흘러 수염을 다 뜯어먹은 그들은 골목에서 내쫓겼습니다. 갈 곳이 없어진 그들은 붉고 가늘고 긴 홍학을 몰고 산으로 올라가 별을 세기 시작했습니다.

*

산 아랫마을에선 빗물이 모이고 모여 땅을 적시고 도랑을 이뤄 강을 따라 바다로 흘러들어 갔습니다.

*

나는 누구인가, 홍학은 질문하지 않았습니다. 홍학은 서로 부리를 부딪치며 하루를 시작하고 부리를 비비며 하루를 마쳤습니다. 홍학의 부리는 홍학이 홍학이라는 분명한 사실을 드러내기에 충분했답니다.

*

그러던 어느 날이었습니다. 수염 없는 이들이 하나 둘 높은 바위 위에 모여 앉아 입을 힘껏 내밀기 시작했지요.

*

눈이 내렸습니다. 바위 위로 내린 눈이 녹고 그 자리에 꽃이 피고 진 꽃잎 위로 또 눈이 내렸지만, 부리는 생겨나지 않았습니다. 먼 나라에선 땅이 흔들리고 더 먼 나라에선 바다가 산이 되었지만, 그들의 입은 딱딱해지지도 길어지지도 않았습니다.

*

동쪽 낮은 능선 위로 커다란 달이 떠오르던 날, 누군가 바지를 털며 일어섰습니다. 그는 말했죠. 나는 홍학이 아니다. 그리고 홍학은 내가 아니다.

*

홍학은 내가 아니다. 나는 홍학이 아니다. 구호는 반복되었고 순서는 바뀌어갔죠. 홍학은 아니다. 나는 아니다. 홍학은 홍학이 아니다. 나는 내가 아니다.

*

사람들은 바지를 털고 바위 아래로 몰려 내려가, 홍학의 부리를 자르기 시작했습니다.

*

잘린 홍학의 부리는 땅속에 매장되었죠.

*

동그란 해가 솟고 한동안 이글거리다가 동그랗게 졌답니다. 얼마나 지났을까, 부리를 매장한 땅속에서 싹이 트더니, 사과나무가 자라기 시작했죠.

*

겨울이 지나자 사과나무에서 새싹이 나왔습니다. 봄이 되자 사과가 열렸습니다. 붉은 사과는 하나둘 땅에 떨어졌죠. 여름이 오고 빈 가지에 꽃이 피었습니다. 꽃이 피자 잎이 떨어졌습니다.

*

사과나무는 생각했답니다. 나는 누구인가. 오랜 생각 끝에 사과나무는 사과를 맺지 않기로 했죠. 그해부터 봄에 잎이 났고 가을에 낙엽이 졌습니다. 여름엔 그저 그늘이 시원했습니다.

*

사과가 열리지 않는 사과나무 아래로 부리 없는 홍학들이 모여들었습니다.

*

홍학들은 사과나무 그늘 아래, 사과를 기다리며 하나 둘 굶어 죽어갔답니다.

*

마지막 홍학이 죽던 날, 별 하나가 능선 너머로 떨어졌지요. 그러자 수염 없는 이들은 서로 얼굴을 쳐다보며, 이 모든 것이 다 네 탓이라 말하기 시작했답니다.

*

뜨거운 여름날이었어요. 마지막 홍학이 죽던 날은. 사람들은 사과나무 아래 홍학을 묻고 무덤을 만들었습니다. 그러고는 생각했답니다. 우리는 누구인가.

*

한 사람이 소리쳤습니다. 나는 이 세상에 없는 홍학을 찾아 나서겠어. 그러자 한 사람이 조용히 말했습니다. 나는 여기서 사과가 열리기를 기다릴 거야.

*

밤새 비가 내렸습니다. 사과나무는 젖었습니다. 허공은 젖지 않았습니다. 바위는 젖었지만 산 아래 강들은 젖지 않았습니다. 비는 다음 날도 그다음 날도 계속 내렸습니다.

*

그해 나무에서 떨어진 마지막 나뭇잎 위로 마지막 빗방울이 포개지면서 비는 그쳤습니다. 사과나무 가지마다 바람이 몰려와 구름을 걸어놓고는 빈손으로 돌아갔죠.

*

구름이 걷히자 산 위의 사람들은 하나둘 홍학을 찾아 산 아래로 내려갔습니다. 모두 내려가고 한 사람만이 남게 되었을 때, 달무리 속에서 세상의 첫 노래가 들려왔습니다.

*

여보세요? 여기는 사과나무 한 그루와 한 사람의 세계입니다. 안 들리세요? 저는 잘 들립니다. 오늘은 당신이 나를 위해 노래를 불러주었으면 해요. 당신은 어디에 계신가요? 여보세요? 여보세요?

*

한 사람이 사과나무를 어루만지며 물었습니다. 당신은 누구신가요.

*

사과나무는 슬펐습니다. 울고 싶었지만, 눈물이 나질 않았습니다. 사과나무는 선 채로 잠이 들고 말았습니다.

*

사과나무는 꿈속에서 계속 걸었습니다. 산도 넘고 물도 건넜습니다. 왼쪽 다리가 지치면 오른 다리로 걷고 오른 다리가 지치면 그냥 걸었습니다. 막다른 골목을 만나면 배 속에서 길을 꺼내 또 걸었습니다.

*

잠에서 깬 사과나무는 하늘을 한 점 떼어냈습니다. 하늘을 쥔 주먹이 불룩했죠. 사과나무는 하늘을 손바닥에 올려놓고 중얼거렸습니다. 뜨겁다, 그렇지 않다, 쓰라리다, 차갑다, 부드럽다, 내려앉는다, 모른다, 안다. 사과나무는 하늘을 놓아주었답니다. 한 점 하늘이 톡, 톡, 절룩거리며 하늘로 올라갔습니다.

*

그해에도 사과는 열리지 않았습니다. 한 사람은 두 팔로 사과나무를 꼭 끌어안았습니다. 다 내 잘못이야.

*

홍학을 찾아 산 아래로 내려간 사람들은 돌아오지 않

았습니다.

*

그러던 어느 날이었어요. 사과나무를 끌어안은 자의 팔에서 사과나무의 싹이 돋아나기 시작했습니다. 발목에선 사과나무의 뿌리가 움터 땅속으로 자라기 시작했죠.

*

오랜 세월이 지났습니다. 산 아래에서 또 한 무리의 사람들이 홍학을 몰고 올라왔습니다. 그들은 커다란 사과나무 아래 홍학을 풀어놓고 중얼거리기 시작했습니다.

*

나는 누구인가.

感

기억과 기억 사이, 어떤 시간과 아무 공간

최규승

"책상을 탁, 치니 억, 하고 쓰러졌다"는 말은 곱씹어 볼수록 시적이다. '탁'은 '치다'와 어울리고, '억'은 '쓰러지다'와 충분히 호응한다. 하지만 그 둘을 문장으로 이어놓고 보면 이처럼 앞뒤가 불화하는 말도 없을 것이다. 분명히 비문도 오문도 아닌데 말이 안 되는 이 말을 놓고 사람들은 상상력을 발휘하기 시작한다. '탁, 치다'와 '억, 쓰러지다' 사이를 연결하는 수많은 상상을 예상했더라면 결코 이 말은 발설되지 않았을 것이다. 무언가를 이야기하지 않으면 안 될 상황에 내몰렸을 때, 결코 해서는 안 될 말을 발설할 때, 시는 이런 상황에서 태어난다. 그것은 세상의 비밀도 아니고 죽음 직전에 알아낸 인생의 깨달음도 아니다. 쓸데 있는 말이든 쓸데없는 말이든 중요치 않다. 시는 무엇을 말하기 위해 발화되는 것이 아니라, 말할 수 없을 때 어쩔 수 없이 튀어나오는 말이다. 그것은 언어의 외피를 썼지만 언어를 회피하려 한다. 말 되는 말을 지우려는 말, 말 안 되는 말을 말 되게 하려는 말.

누군가를 알고 있으면서도 모른다고 해야 하는 것만큼 불안한 것은 없다. 조작 사건은 어떻게든 거짓에 맞춘 진술조서라도 존재한다. 조작을 요구하는 자들에게 원하는 대로 적극적으로 말해주는 거짓이 진실이 되는 아이러니. 하지만 그들이 원하는 것이 진실일 때, 그것이 아주 사소한 것이라도 말하는 순간 진실은 거짓이 된다. 그때에는 진술조서조차 존재하지 않는다. '탁'이 '억'이 되는 수많은 진실과 거짓의 인과관계를 시는 품고 있다. 감추면서 드러내고 보이는데 없는 그것. '시적' 진실은 아이러니하게도 언어를 부정하는 언어다. "종철아, 잘 가그래이. 아부지는 아무 할 말이 없대이." 신음하듯 터져 나온, 이 '말로 못 할 말,' '언어 아닌 언어'가 바로 시가 아닐까? 이로써 "탁, 치니 억, 하고 쓰러졌다"는 말은 거짓의 언어, 죽임의 언어로 생생하게 살아난다.

시는 죽었다

 그런데 정말 모든 시가 그럴까? '지금 여기'에서 발화되는 시가 말할 수 없을 때 말해지는, 감추면서 드러내고 보이는데 없는 말일까? 그렇지는 않을 것이다. 그렇기에 시는 무엇이라고 정의했던 앞의 말은 틀렸다. 성경의 시편과 호메로스의 서사시, 이백과 두보의 시와 현대시가 모두 시라는 범주에 포함되는 한, 시를 정의하는 것은 불가능하다. 이는 원시시대의 동굴벽화와 앤디워홀의 작품을 모두 예술의 범주에 묶는 것만큼 어리석은 짓이다.

 '예술의 역사'는 실제가 아니라 관념이다. 여기에서 중요한 것은 역사이지 예술이 아니다. 역사는 전前 예술조차 '예술의 어머니'라는 비유로써 한 묶음으로 만든다. 사람의 어머니는 사람이지만, 예술의 어머니는 예술이 아니다. 전 예술과 예술은 탄생이 아니라 진화로 관계 맺는다. 원숭이로부터 사람이 진화되었다고 해서 사람과 원숭이가 모두 사람이거나 원숭이인 것은 아니다. 포유류라든지 영장목이라든지 하는, 이 둘을 포괄하는 다른 이름이 필요하다. 아니면 '아트'와 '테크닉'이 같은 의미였다가 달라진 것처럼 하나는 의미가 변해야 한다.

니체가 '신은 죽었다'고 선언한 그때 시도 마찬가지 운명을 맞았어야 했다. 아니, 보들레르의 『악의 꽃』과 함께 시는 새로운 이름을 얻었어야 했다. 현대(근대)시, 얼마나 구차한 이름인가? 이야기도 로망도 설화도 전설도 아닌 소설인 것처럼, 시도 시 아닌 다른 이름이었어야 했다. 근대 이후 예술로서의 시는 이름을 얻지 못했다. 누가 그에 합당한 이름을 불러주지 않았을 뿐만 아니라, 스스로도 이름을 짓지 않았다. 이후 시라고 하는 것은 형식만 갖춘다면 모두 시가 되었다. 전근대의 세계관을 서정[1]이란 이름 속에 감추고 '비동시성의 동시성'[2]을 증명한다.

가슴으로 쓴 시, 마음에 와 닿는 시, 힐링을 주는 시, 인생의 방향을 제시해주는 시, 진실과 정의를 밝히는 시 등등[3]은 아무리 최근에 쓰여도 전(근대) 시다. 그것은

---

1) 모든 서정시가 그렇지는 않지만 많은 서정시가 그렇다. 하지만 그렇지 않은 서정시를 원칙적으로 서정시라 할 수 있을까? 서정적 요소가 있는 것과 서정시는 다르다.
2) '非同時性의 同時性'이자 '非同詩性의 同詩性'이다.
3) 정치적으로 올바른(PC), 도덕적으로 올바른(MC), 젠더적으로 올바른(GC) 것을 목적으로 하는 시 역시 마찬가지다. 그렇게 해석되는 것과 그것을 위한 시는 완전히 다르다.

잠언이며 격언이다. 시의 형식대로 행갈이를 한, 잘 디자인된 명언이다. 오늘날 많은 독자가 이와 같은 문장을 바란다면 그것은 시인에게 할 것이 아니라 정치가, 운동가 등 사회 저명인사에게 할 일이다. 시인에게 그것을 바란다면 시 아닌 그의 문장과 말에서 찾아야 한다. 시인[4]은 특히 현대의 시인이라면 무언가를 위해 시를 쓰지 않는다. 시인이 시 아닌 글이나 행동으로 그럴 수는 있어도 시는 그럴 수 없다. 이미 160여 년 전에 그런 시는 죽었다. 그럼에도 독자들이 현대시에서 '인생의 한 문장' 같은 잠언적·격언적 감동을 바라는 것은 이유가 있다. 현대예술의 다른 장르는 전 예술이 장인에 의한 기술이었기에 감동의 측면이 다르다. 색이나 표현, 구도나 구성 등이 작품 감상에 중요한 요소가 된다. 하지만 근대 이전 구전의 형식이 아닌 종이 위에 쓰이는 글은, 동양의 시·서·화, 서양의 성스러운 글(성경 등)에 속해 있었으므로 그 글의 효용성은 오늘날 잠언, 격언, 명언 등을 내용으로 하는 대개의 서정시와 연결되어 있다.

4) 시와 마찬가지로 시인이라는 용어 역시 전근대적이다. 소설 쓰는 작가를 소설가라고 하듯이, 시 쓰는 작가 역시 '시(작)가'여야 하지 않을까? 예술(art)하는 사람이 예술가(artist)이듯이, 시(poem)하는 사람은 시인(poet)이 아니라 시가(poemist)여야 한다.

근대 이후에도 서정시는 영원한 현재(카이로스)라는 신의 시점을 인간의 시점으로 바꾸었을 뿐 타자나 사물을 대상화하는 일방적 주체의 시선을 유지해왔다. 바위처럼 굳건히 살겠다든지, 어떠한 어려움에도 나무처럼 위로만 우러르겠다든지, 새처럼 자유롭게 허공을 날겠다든지 하는 표현들을 '생산'하며 서정시인은 근대 이전의 세계관을 지켜나간다. 정형(시)의 옷을 자유(시)의 옷으로 바꿔 입었을 뿐 시는, 시인은 근대 이전이나 이후나 대략 서정 그대로의 세계관을 잘 유지해왔다. 그러므로 시의 죽음으로 새롭게 이름을 얻지 못한 현대시는 죽은 시의 이름으로 살고 있는, 비유하자면 시의 유령인 셈이다.

시의 유령, 유령의 시

미술은 그런 점에서 얼마나 행복한가? 신의 시점을 인간의 시점으로 대체했던 미술은 세잔 이후 비로소 일방적 시선을 거두고 다양한 시점을 화폭에 담거나 보이지 않는 다른 차원의 이미지들을 시각적으로 표현해왔다. 그럼으로써 현대미술은 전근대와 확연히 구별된 길을, 자신의 이름으로 걸어왔다. 미술 작품이 아무리 이해하기 어렵다 해도 사람들은 미적 기준을 효용성에 두지 않는다. 인생에 길잡이가 되는 피카소, 힐링을 주는 몬드리안, 진실과 정의의 편에 선 마그리트는 없다. 캔버스를 벗어난 최근의 미술은 미술이라는 이름조차 낡은 것으로 만들며 시각예술이라는 이름을 일반화시켰다. 그 이름으로 더욱 복잡하고 하이브리드하게, 더욱 단순하고 미니멀하게 자신의 영역을 계속 확장해가는 중이다.

근대 이후의 시적 예술(현대시)은 시의 유령으로, 유령의 시로 살아가게 된다. 유령의 시는 배회한다. 무수히 깔린 잠언과 격언의 덫을 피해, 무게도 없이 마치 무중력 상태인 것처럼 서정의 덫을 밟고 지나간다. 유령의 시는 출몰을 거듭하며 시의 울타리를 넘나든다. 영원한 현재를 흔들어 시간의 흐름을 부여한다. 그 시간은 특이하다. 현대시의 시간은 앞에서 뒤로, 뒤에서 앞으로도 흐른다. 최하연의 세 번째 시집, 『디스코팡팡 위의 해시계』에 수록된 시편들도 흐르거나 소용돌이치거나 거스르며 부유한다. 유령의 시, 시의 유령으로.

계단에서 구두 소리를 지운다

바위에서 바람소리를 지운다

용서하면 용서받을 줄 알았다

낭떠러지에서 물러난다

디딜 수 없는 바닥들이 있다

이를테면

우주의 검은 항아리

뚜껑을 열면

검은 얼굴의 내가

짠내 나는 눈동자가

검은 하늘을 베고 누우면

소리 없는 바다가

내 안으로 일렁거려

끝끝내 내뱉지 못한 문장

물밀 듯이 그을린 숨을

참는다

「기억 풍랑」 전문

 이 시에서 이미지를 떠올리기 전에 우선 시간의 흐름을 살펴보면 어떨까? 첫 행의 "계단에서 구두 소리를 지"우는 행위에서 마지막 두 행 "물밀 듯이 그을린 숨을/ 참는" 행위까지. 이 시의 이미지를 순차적으로 화가(화자)가 그림을 그리고 있다고 상상해보자. 마지막 행에 이르러 하나의 그림(시)이 완성된다. 그런데 이 시에서 시간의 흐름은 꼭 이 순서대로 진행되어야 할 이유가 있을까? 아기가 태어나 자라서 어른이 되는 것이나 새싹이 돋아나 나무가 되는 것처럼 말이다. 그렇지는 않을 것이다. 순서를 거슬러도, 뒤섞어도 시간의 흐름에는 무리가 없다. 이 시의 행을 역순으로 배치해보면 이렇다.

참는다
물밀 듯이 그을린 숨을
끝끝내 내뱉지 못한 문장
내 안으로 일렁거려
소리 없는 바다가
검은 하늘을 베고 누우면
짠내 나는 눈동자가
검은 얼굴의 내가
뚜껑을 열면

우주의 검은 항아리

이를테면

디딜 수 없는 바닥들이 있다

낭떠러지에서 물러난다

용서하면 용서받을 줄 알았다

바위에서 바람소리를 지운다

계단에서 구두 소리를 지운다

   시간의 흐름을 거꾸로 배치한다고 해서 영상을 거꾸로 돌렸을 때 재생되는 이미지가 나타나는 것은 아니다. 정황을 구분해 그 단위를 역순으로 놓는다면 영상 되감기와 비슷한 효과가 나타나겠지만 행을 역순으로 재배치함으로써 이미지는 원래의 시와는 다른 병치, 충돌, 결합이 이루어져 또 다른 낯선 아름다움을 선사한다. "검은 얼굴의 내가/ 짠내 나는 눈동자가/ 검은 하늘을 베고 누"웠는데, 행을 역순으로 배치했을 때에는 "검은 하늘을 베고 누운" 것은 "소리 없는 바다"이고, "짠내 나는 눈동자"와 "검은 얼굴의" 나는 "우주의 검은 항아리"의 "뚜껑을" 연다. 이와 마찬가지로 「기억 풍랑」의 행들을 하나하나 오려서 뒤섞은 뒤 무작위로 배치해도 새로

운 시간의 흐름에 따른 이미지들이 나타날 것이다.

인과관계보다는 이미지의 병치, 충돌, 결합이 현대시, 유령의 시를 구성하는 주요한 요소이다. 현대시를 읽는 재미는 이런 데 있다. 최하연의 시편들에서 삶의 깨달음, 서정의 아름다움을 찾아봐야 소용이 없다. 그런 것은 "구두 소리"나 "바람소리"처럼 지워진 지 오래다. 그것을 찾아 헤매다 보니 '말은 쉬운데, 시는 어렵다'는, 마치 암호 해독하는 기분이 드는 것이다.

「기억 풍랑」을 읽는 재미는 언어예술에 담긴 시간과 이미지의 결합을 읽어내는 데 있다. 시간예술인 음악 작품은 시작과 끝이 있어서 감상하는 사람이 자의로 시간을 뒤섞을 수 없다. 시각예술인 미술 작품은 이미지와 색깔 등을 감상하는 사람의 시선으로 재배치하며 보게 된다. 이 둘이 결합된 「기억 풍랑」은, 앞서 보았듯이 시간도 선형으로 흐르지 않고 뒤집힘과 뒤섞임으로 재배치돼 다른 이미지, 다른 시간을 상상할 수 있게 해준다. 그러므로 시를 낭독하는 것은 여러 예술적 요소가 결합된 (현대)시를 시간예술의 측면만을 강조해 접근한 감상이다. 낭독에 어울리는 시는 시가 노래였던 근대 이전의 시와 잘 어울린다. 서정시는 낭독했을 때 소위 '시의 울림'이 살아나는, 이런 형식이 잘 반영된 시이다.

기억과 기억 사이

 『디스코팡팡 위의 해시계』의 시편들 중에 '기억'이 제목에 들어간, 기억 연작이라고 할 만한 시가 모두 11편인데 이 시들은 '기억'을 다양한 측면에서 이미지화하고 있다. 기억은 그 자체로 소환되는 것이 아니라 기억과 기억 사이, 그 사이와 사이가 기억을 감싸 안고 길어 올리는 것이다. 사이는 이미지와 이미지 사이이기도 하고 시와 시 사이이기도 하다. 기억은 유물의 퇴적층처럼 층층이 자리 잡고 있어서 그것을 감싼 사이와 함께 조심조심 들어 올려야 한다.
 서시에 해당하는 「기억 꽃잎」에서는 "아득한 곳에서/ 이루 말할 수 없이 아득한 곳으로/ 떨어"지는 "빗방울"에도 "용케 젖지 않은 꽃잎"이 있고 "그 아래 웅크린 하늘"이 현실의 풍경을 위아래 뒤집은 이미지로 제시된다. "불현듯 찾아온 난독증"은 "다리가 짧아진 밤" "칼 맞는/ 밤"에 일어나고(「기억 날」), "사라질 때마다/

사라지는 "아이"와 "늘 나를 남겨놓고 다니는" 내가 있다(「기억 범람」).

"달리기를 멈췄을 때/ 시작되는 기차의 이야기" 속에 "조금씩 모자란 유년의 그림자가/ 하나둘/ 어둠으로 돌아"가고(「기억 안개」), "눈물 한 방울이/ 빛의 속도로/ 너에게로" 가는, "냉장고 속에 어둠이 있"고 "어둠 속엔 냉장고가 있"는 "영혼"이 "얼어 죽"는 "오늘 밤"(「기억 계절」)은 "새가 새로 낸 길로만/ 다니는" "귀신에겐 없는 금 밖의 세계"(「기억 구름」)이다. "풀잎 위에/ 허무주의가/ 젖은 것과 젖지 않은 것 사이로" 맺히고(「기억 군락」), "골목과 대문 사이" "창문과 창문 사이" "공이 짖"고(「기억 퇴적」), "악어의 잠과 토끼의/ 눈물 사이에" "슬리퍼 한 짝"이 걸린다(「기억 방」). 그 "슬리퍼 한 짝"이 어쩌면 최하연의 시인지도 모른다. 결핍이면서 효용성이라고는 단 한 방울도 없는, 나머지 한 짝의 행방도 모르고, 찾을 수도 없고, 찾지도 않는…

어떤 기억들은 다른 차원에서 온다. 흔히, 낯선 이미지의 충돌, 환유적 수사로 해설되는 시편들이 그렇다. 낯선 이미지의 충돌은 안이하고, 환유적 수사는 말 그대로 자꾸 의미가 미끄러진다. 이와 같은 분석은 그 자체로 이미 상투적이다. 현대시에 드러나는 이미지와 이미지는 사실적 묘사가 아니라면 대부분 낯설게 충돌한다. 또한 표현에 있어서도 현대시는 비유적 수사보다 환유적 수사에 기대고 있는 것이 일반적이다.

> 행간 위에 이불 펴고 욥이 잔다
> 침묵 속에선 고래가 헤엄치고
> 한 줄 위로
> 한 줄의 파도가
> 고스란히 덮인다
>
> 그 파도와 파도 사이로
> 욥의 잠과 열어놓은 창문 사이로
> 한창 가을인 나무와
> 아직 여름인 나무를 한꺼번에, 적시며
> 비가 내린다
>
> ─「암흑과 빛 사이에 놓인 불투명한 것들을 한꺼번에 깨무는 방법」 부분

부분 인용된 이 시의 첫 연은 '행간' '욥' '고래'와 각각 연관된 세 개의 이미지가 충돌한다. 물론 사실적인

묘사는 아니다. 상징이나 환유로 읽힐 수 있겠지만 이를 사실 그대로 받아들일 수는 없을까? 환상이 아닌 사실, 각각의 이미지가 다른 차원에서 일어나는, 어느 순간 화자의 눈앞에 펼쳐지는 다차원적 사실.

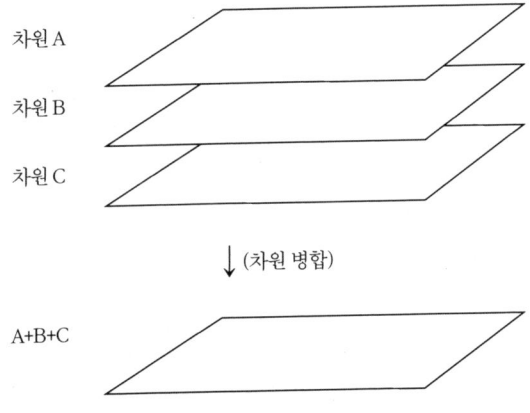

 차원 A에서는 "이불을 펴고 욥이 잔다". 차원 B에서는 화자가 '침묵'하며 내려다보고 있는 글(또는 책)이 있다. 차원 C에서는 "고래가 헤엄치고" "파도"가 일어난다. 이들 세 차원은 하나의 차원으로 합쳐진다. 그 결과, 낯선 이미지들이 충돌해, '가을 나무'와 '여름 나무'가

시간을 뛰어넘어 같은 시공간에 놓이게 된다. 각각의 차원을 시인은 '행'으로 표현한 것이다.

눈앞에 나타났던 환상은 사라지지만 시인의 표현으로 탄생한 작품은 언어의 형태로 남는다. 이때 환상의 기록은 사실이 된다. 현대 물리학은 이를 뒷받침해준다. 물리학이 아무리 어려워도 과학이듯이, 현대시가 난해하다고 해도 자의적인 표현이 아니라 과학으로 설명할 수 있는 사실이다. 현대시뿐만 아니라 현대예술의 다양한 시도는 직간접적으로 과학, 특히 물리학의 발전과 함께해왔다. 세잔의 다시점적 작품을 시작으로 피카소를 위시한 입체파가 이를 이어갔다. 이후 샤갈, 마그리트 등 현대미술의 다양한 표현들 역시 현대 과학의 이론으로 분석이 가능하다. 이런 점에서 현대예술과 현대과학은 떼려야 뗄 수 없는 직간접의 관계를 맺고 있는 것이다.

새가 남긴 저 궤적

이 허공에

한 번도 지나가지 않은 미지의

길이 있을까

새의 길은

귀신의 길

새가 새로 낸 길로만

다니는 귀신이 있었다

붉은 벽돌집의 지붕에서

하얀 장미가 피는

담장을 넘어

백구 한 마리 졸고 있는 뜰 안으로

소복을 입은 귀신이

다리가 없는 귀신이

새가 세놓은 길을 밟으며

노숙자의 어깨에도 잠시

앉았다가

유모차의 바퀴에도 놀랐다가

새가 날면

귀신도 달리고

새가 앉으면

귀신도 조는

길 밖은, 암흑이고

길 밖은, 귀신에겐 없는

금 밖의 세계여서

저 허공이

저 나무와 나무 사이가

저 별과 구름 사이가

어떤 갱도보다

단단하다

―「기억 구름」 전문

 시인은 「기억 구름」에서 서로 다른 차원의 섞임을 묘사하고 있다. "새가 새로 낸 길로만/ 다니는 귀신"은 그 "길을 밟으며/ 노숙자의 어깨에도 잠시 앉았다가/ 유모차의 바퀴에도 놀"라는데, 그 "길 밖은, 귀신에게 없는/ 금 밖의 세계"이다. 새는 3차원의 공간에 있지만 새의 길을 따라다니는 귀신은 1차원의 선에 존재한다. 그리고 3차원과 1차원은 새가 날아다니는 궤적으로 만난다. 그러므로 "허공" "나무와 나무 사이" "별과 구름 사이"는 귀신에게는 존재하지 않는, 다닐 수 없는 공간이므로, "어떤 갱도보다" "암흑이"어서 "단단"할 수밖에 없다. 허공이 허공인 줄도 모르고, 넓이도 깊이도 알지 못하는 '귀신'은, 그러므로 죽은 시의 세계, 시의 유령, 유령의 시의 다른 이름이 아닐까?

차원이 다른 시공간이 뒤섞여 빚어내는 시적 공간은 "아무리 먼 나라라도 시차가 없"고 "어제의 내가 내일의 나와 만나는 것이 너무나 쉬"운 세상(「빵을 씹으면 귀신이 보이는 풍경 5」)이며, "어제 아침과 오늘 저녁이/ 오늘 아침과 어제 저녁이 한꺼번에/ 가위바위보를 할 수 있는 곳"(「극점」)이다. 그러므로 "사시나무 안에서 사시나무가 자라듯/ 나의 울음은 울음 속에"(「설거지」) 누울 수 있는 것이다.

들끓고 뒤섞이는 무심함

대개의 시는, 특히 서정시는 지배적 인상dominant impression과 정조mood가 어긋나지 않는다. 예를 들어, 지배적 인상이 '흔들림'인 시는 '불안함'이나 '스산함' 등이 그 시의 정조이기 십상이다. 그래서 지배적 인상과 정조는 종종 혼동되기도 한다. 두 개념을 거칠게 나누자면 지배적 인상은 시에 표현된 움직임과 관련이 있고, 정조는 말 그대로 시적 분위기, 상태로 나타난다. 이 두 개념을 명확히 드러내는 시는 안정적인 구조를 가졌다고 말해진다.

최하연의 이번 시집에 수록된 시편들은 이 개념에서도 어긋나 있다. 『디스코팡팡 위의 해시계』를 채운 여러 시편들의 지배적 인상은 들끓음, 뒤섞임인데 정조는 무심함이다. 사이와 사이에서 들끓고 뒤섞이는 시어들은 무한으로 달려가고, 없음에 수렴된다. 하지만 결코 무한에 닿지 못하고 완전히 텅 비지 않는다. 사이는 거의 없음에서 거의 무한의 길이, 넓이, 공간이 된다. 그런 사이를 과연 사이라 할 수 있을까? 그 사이에서는 어느 것도 일치하지 않고 어긋난다. 불일치는 그래서 자연스럽다. 불일치의 자연스러움이 곧, 무심함으로 드러난다.

> 본 열차는, 서쪽 바다에서 출발해, 종착역인 동쪽 바다로 향하는, 그래 그럼, 객차 한가운데, 사과 씨를 심고, 물을 주고, 피리를 불자
>
> _「오베론」 부분

이 구절에는 세 개의 목소리가 섞여 있다. 안내방송을 하는 목소리, 청유하는 목소리, 질문하는 목소리. 이

세 목소리는 한 목소리가 아니다. 다른 차원의 세 목소리일 수도 있고, 다중인격인 한 사람의 목소리일 수도 있다. 이처럼 여러 화자의 다성적 목소리가 뒤섞이고 들끓는 시임에도 시의 정조는 무심함에 싸여 있다. 지배적 인상과 정조가 어긋나고 차원과 목소리가 뒤섞이는 그 자리에 최하연의 시편들이 떠오른다.

『디스코팡팡 위의 해시계』의 시편들에는 삶의 앞길을 밝혀주는 깨달음 따위는 단 한 구절도 없다. 그런데 쓸모없지만 세계에 대한 해석은 있다. 현대시, 유령의 시에 절창이 있다면 이처럼 효용성이 없는 해석일 것이다. 마치, 특수상대성 이론의 '시간은 속도가 빠를수록 늦게 흐른다'는 명제처럼.

문학평론가들은 대개 시인의 개성을 중시한다. 개성의 유무, 그것의 다름의 정도에 따라 시인을 평가하고 시집을 상찬한다. 그런데 이렇게 명명되는 개성은 상대적이며 자의적이다. 비교할 대상이 없거나 비교하는 시선이 없으면 존재할 수 없다. 그러므로 그렇게 중시되는 시인의 개성은 원근법의 소실점과 닮아 있다. 현실에는 존재하지 않는 어떤 시선. 시인의 개성이나 시집의 개성은 평론가들의 시선으로 형성된 소실점과 같은 것이다. 물론, 서정시는 개성이 없으면 서정시가 아닐 것이다. 굳건한 주체의 시선만이 서정시인을 시인답게 한다. 평론가는 그것을 발견하고 서정시에서 소실점을 확실하게 찍는다. 반면, 전근대 시의 유령인 현대시는 소실점이 없다. 하나의 시선으로만 표현되지 않은 현대시에서 개성을 찾는 것은 결국 수많은 소실점 중에서 하나만을 선택하겠다는 것이다. 평론가들에게 삭제된 시점들, 또는 차원들로 (현대)시인은 개성을 얻는 반면, 복잡하고 다양한 시적 표현들은 잃게 된다.

『디스코팡팡 위의 해시계』를 관통하는 것, 즉 시집, 또는 시인의 개성은 무엇이다, 하고 규정해서는 안 된다. 아니, 할 수 없다. 현대의 시인이나 시집의 개성을 발견하는 것은 결국, 그에 걸맞지 않는, 다르게 해석될 수 있는 시편들을 지우는 결과를 가져온다. 평론가들은 이런 방법과 틀로써 시인과 시집을 규정하기를 좋아한다. 선택과 집중이라는 오래된, 하지만 매우 폭력적인 시선을 무기로. 평론가가 발견한 시의 소실점은 시집과 시인을 속박한다.

'책상을 탁, 치니 억, 하고 쓰러지는 것'은 '억, 하고 쓰러지니 탁, 하고 책상을 친 것'과 다르지 않다. 개성은 그런 말 바꿈에 지나지 않는다. 이는 비교를 위한 계열화일 뿐이다. 시인과 시집, 시는 개별체로서 존재한다. 그것은 비유하자면 하나의 공화국이다. 자기 시스템을 갖춘, 독립된 나라. 비교 불가능한 세계이며 관계로써만 규정할 수 있는 상대적인 세계이다. 시/시인은 타고난 개성이 있어서 서로 다른 것이 아니라, 서로 간에 '어떤' 차이만이 있을 뿐이다. 그마저 규정되어 있지 않고 '이 것'에서 자꾸 미끄러진다. 비교할수록 '시/시인은 어떻다, 무엇이다'라는 규정은 한없이 연기된다. 무심함 속에 뒤섞이는 들끓음처럼, 그것은 형태가 없다. 형태 없음이 유일한 형태인 시의 유령, 유령의 시는 지금 이 순간에도 '새의 길'을 따라가며 '슬리퍼 한 짝'을 '단단한 암흑 속'에 흘린다. '디스코 팡팡 위의 해시계'는 해가 던진 그림자를 기다리지 않는다.

최하연 시인
저서 목록

- 시집

『피아노』, 문학과지성사, 2007
『팅커벨 꽃집』, 문학과지성사, 2013

디스코팡팡 위의 해시계
최하연 시집

발행일	2018년 4월 25일
발행인	이인성
발행처	사단법인 문학실험실
등록일	2015년 5월 14일
등록번호	제300-2015-85호
주소	서울 종로구 혜화로 47 한려빌딩 302호
전화	02-765-9682
팩스	02-766-9682
전자우편	munhak@silhum.or.kr
홈페이지	www.silhum.or.kr
디자인	김은희
인쇄	아르텍

ⓒ최하연
ISBN 979-11-956227-6-4 (03810)
값 10,000원

이 책의 판권은 저자와 문학실험실에 있습니다.
양측의 서면 동의 없는 무단 전재 및 복제를 금합니다.

• 이 작품집은 '2015년 아르코 주목할 만한 작가 창작 지원'을 수혜하여 출간되었습니다.